AF499412

INTRODUÇÃO À CRIMINOLOGIA

Murilo Acquaviva Ferreira de Oliveira

INTRODUÇÃO À CRIMINOLOGIA

1ª Edição
Goiânia

ANGELIA
EDITORA
2024

Copyright © Murilo Acquaviva Ferreira de Oliveira
Dados Internacionais de Catalogação na Publicação (CIP)
(Câmara Brasileira do Livro, SP, Brasil)

Oliveira, Murilo Acquaviva Ferreira de
Introdução à criminologia / Murilo Acquaviva Ferreira de Oliveira. -- 1. ed. -- Goiânia, GO : Angelia Editora, 2024.

75 p.

Bibliografia.
ISBN 978-65-83134-31-8

1. Criminologia - Brasil 2. Direito penal - Brasil 3. Investigação I. Título.

24-237578 CDU-343.9

Índices para catálogo sistemático:

1. Criminologia : Direito penal 343.9

Eliete Marques da Silva - Bibliotecária - CRB-8/9380

Mesmo submetida e aprovada pelo Conselho Editorial da Angelia Editora previamente à publicação, o autor responsabiliza-se publicamente pelo conteúdo da obra, garantindo que é de autoria própria, assumindo integral responsabilidade de natureza moral ou patrimonial diante de terceiros em razão de seu conteúdo, declarando que o trabalho é original, livre de plágio e que não infringe quaisquer direitos de propriedade intelectual de terceiros, não havendo qualquer interesse comercial ou irregularidade que comprometa a integridade desta obra.

Dedico este trabalho aos pilares da minha vida: aos meus pais, que sempre me incentivaram com amor e sabedoria; à minha irmã, cuja amizade e apoio me fortalecem a cada passo; à minha esposa, Gabriella, minha inspiração diária, minha força e meu refúgio, cujo amor incondicional e presença constante tornaram este sonho possível. E aos meus fiéis companheiros de quatro patas, meus cães Zeca e Madalena, que, com sua alegria e lealdade, tornam cada dia mais leve. A cada um de vocês, minha eterna gratidão.

SUMÁRIO

APRESENTAÇÃO

A segurança pública e a criminologia estão profundamente interligadas, com a criminologia fornecendo a base teórica e empírica necessária para a formulação de políticas públicas eficazes. Ao estudar as causas do crime e as respostas sociais ao comportamento criminoso, a criminologia oferece insights que permitem à segurança pública desenvolver estratégias de prevenção mais direcionadas e eficazes. Essa relação sinérgica é fundamental para a criação de políticas que não apenas combatam o crime, mas também promovam uma sociedade mais segura e justa.

Para desenvolver o tema, serão estudados os fundamentos da criminologia, as escolas penais, política criminal e vitimologia.

1. INTRODUÇÃO AOS FUNDAMENTOS DA CRIMINOLOGIA

1.1. CONSIDERAÇÕES INICIAIS

A definição do conceito de criminologia depende do viés de quem busca definir. Sérgio Salomão Shecaira aponta que: "*qualquer observação conceitual sobre a criminologia esbarra nas diferentes perspectivas existentes nas ciências humanas*"[1]. Portanto, como bem destaca o mencionado professor, o conceito de criminologia, sob a perspectiva crítica, é absolutamente diverso daquele obtido sob a ótica do positivismo italiano[2].

Como exemplo, podemos apontar que, sob a perspectiva positivista, a criminologia pode ser definida como o exame causal explicativo do crime e dos criminosos[3]. Por outro lado, em um enfoque crítico, a função da criminologia é analisar a realidade social do Direito, alterando o enfoque do cientista para o controle social[4]. Portanto, para a criminologia crítica, interessa a

---

1 SHECAIRA, Sérgio Salomão. **Criminologia.** 5ª edição. Revista dos Tribunais, 2013, p. 35

2 SHECAIRA, Sérgio Salomão. **Criminologia.** 5ª edição. Revista dos Tribunais, 2013, p. 35

3 BATISTA, Vera Malaguti. **Introdução crítica à criminologia brasileira**, 2ª edição. Revan, 2011, p. 15

4 BATISTA, Vera Malaguti. **Introdução crítica à criminologia brasileira**, 2ª edição. Revan, 2011, p. 15

investigação sobre o processo de criminalização e não mais a busca pela causa do crime, que era a pretensão dos positivistas.

Conforme Shecaira, criminologia é um nome genérico designado a um grupo de temas estreitamente ligados: o estudo e a explicação da infração legal; os meios formais e informais de que a sociedade se utiliza para lidar com o crime e com atos desviantes; a natureza das posturas com que as vítimas desses crimes serão atendidas pela sociedade; e, por derradeiro, o enfoque sobre o autor desses fatos desviantes[5].

Por isso, apesar das diversas possibilidades de conceituação, é possível extrair elementos comuns a todos os conceitos.

A origem etimológica da palavra criminologia deriva da expressão latina crimino (crime) e do grego logos (estudo), significando o estudo do crime.

O conceito, hoje, mais famoso de Criminologia foi criado por Edwin H. Sutherland, que define a Criminologia como "*um conjunto de conhecimentos que estuda o fenômeno e as causas da criminalidade, a personalidade do delinquente, sua conduta delituosa e a maneira de ressocializá-lo*"[6].

---

[5] SHECAIRA, Sérgio Salomão. **Criminologia.** 8ª edição. Revista dos Tribunais. 2020, p. 43

[6] Apud, FERNANDES, Newton; FERNANDES, Valter. **Criminologia integrada**, p. 24

Por isso, apesar das diversas possibilidades de conceituação, é possível extrair elementos comuns a todos os conceitos.

1.2 DIFERENCIAÇÃO ENTRE DOGMÁTICA E ZETÉTICA

É crucial compreender a distinção entre abordagens dogmáticas e zetéticas ao explorar as nuances entre Criminologia e Direito Penal. Enquanto a Criminologia adota uma abordagem zetética, o Direito Penal se baseia em uma abordagem dogmática.

A ciência dogmática se preocupa em aplicar a lei. Vem da expressão alemã "Dokein", que significa "ensinar, doutrinar". Parte de um objeto de pesquisa com limites bem definidos. Renuncia à pesquisa independente, vinculando-se a questões finitas, como os limites impostos pela lei que regulamenta determinada situação. Aponta soluções para determinados problemas com base na adesão incontestável a certos valores (dogmas). Atém-se ao mundo do "***dever ser***". Despreza qualquer elemento externo à ordem posta. Está ligada à tarefa de interpretação e sistematização de normas e princípios no ordenamento jurídico, voltando-se, primordialmente, ao problema da aplicação deste.

A ciência zetética se preocupa com a realidade. Deriva da expressão "Zetein", que significa perquirir, indagar, investigar. Desintegra opiniões e premissas anteriormente concebidas. Cria teorias (a teoria pode ser constantemente revisitada, diferente do dogma), não dogmas. Questões zetéticas têm a função de especulação infinita (o objeto é questionado em todas as direções). Visa entender e explicar a realidade. Está mais ligada à realidade, e a ciência do "**ser**", do mundo real, do mundo concreto.

1.3 MODELO TRIPARTIDO DAS CIÊNCIAS CRIMINAIS

Franz Von Liszt elaborou um modelo de sistema em que a criminologia, o direito penal e a política criminal operariam de forma conjunta, mas cada um com uma definição diferente.

De acordo com o modelo liszteano, a dogmática penal corresponderia ao conjunto de princípios que subjazem ao ordenamento jurídico-penal e devem ser explicitados dogmática e sistematicamente. Já a criminologia, a partir da investigação científica, se incumbiria de revelar as causas do crime.

Note que, por essa perspectiva, a criminologia ainda possuía uma função exclusivamente ligada à observação da realidade. Ela seria o ramo empírico das ciências criminais, produzindo o conhecimento que seria posteriormente absorvido pela política criminal.

Caberia à criminologia, enquanto ramo empírico das ciências criminais, explicar as causas do crime, orientando, com base em tais constatações, a política criminal: "seria a ciência objetiva, provedora dos dados úteis para a decisão política [que] assegurava os materiais com os quais os políticos construíam". Em outras palavras, "*a criminologia era a ciência mais ou menos causal do crime e a política criminal representava a seleção dos meios para lutar contra tais causas.*" Conforme será abordado em tópico específico, o próprio conceito de política criminal também se modificou ao longo da história.

A fim de exemplificar a diferença entre o direito penal e a criminologia, imagine o delito de furto.

Para o direito penal, essencialmente dogmático, a abordagem se resume às peculiaridades de aplicação do tipo previsto no art. 155 do Código Penal, estudo normativo, portanto. Já para a criminologia, interessa indagar quais seriam as causas deste tipo de delito, como cada sociedade reage diante desta modalidade de conduta, quais são os meios mais eficazes para evitá-la, como ocorreu o processo de criminalização, dentre outras perguntas.

A política criminal, por seu turno, é uma estratégia que os poderes públicos utilizam para lidar com a criminalidade, pode ser repressiva direito penal), ou preventiva (por exemplo, iluminação urbana, para evitar índices criminais; campanha de conscientização "se beber não dirija" – a fim de evitar acidentes automobilísticos etc.). Política criminal é a disciplina que oferece aos poderes públicos as opções científicas mais adequadas para lidar com a criminalidade, servindo de ponte entre a criminologia e o direito penal.[7]

DIREITO PENAL	CRIMINOLOGIA	POLÍTICA CRIMINAL
Analisa fatos humanos, definindo quais devem ser rotulados como infrações penais, anunciado as respectivas sanções. O crime é visto enquanto **norma**.	Ciência empírica que estuda o crime, a pessoa do criminoso, da vítima e o comportamento da sociedade. O crime é visto enquanto **fato**.	Trabalha as estratégias e meios de controle social da criminalidade, O crime é visto enquanto **valor**.

1.4 CONCEITO DE CRIMINOLOGIA

A Criminologia é uma ciência **autônoma, empírica** e **interdisciplinar**, que se ocupa do estudo do **crime**, do **criminoso**, da **vítima** e do **controle social**, com o escopo de prevenção e controle da criminalidade, e que trata de subministrar uma informação válida, contrastada, sobre a gênese, dinâmica e variáveis principais do crime – contemplado este como problema individual e como problema social – bem como sobre os programas de prevenção eficaz ao delito e técnicas de intervenção positiva no homem delinquente e nos diversos modelos ou sistemas de resposta ao delito.

---

[7] Rogério Sanches – Manual de Direito Penal, 2014, Editora JusPodivm, pág. 36.

Neste ponto, válido trazer os ensinamentos de Shecaira, *in verbis*:

> *"A maior parte dos autores define a criminologia como uma ciência. Ainda que tal premissa não seja absoluta na doutrina, não há como negar que, em sua grande maioria, esta vê um método próprio, um objeto e uma função atribuíveis à criminologia. Mesmo entendendo a ciência como uma forma de procurar o conhecimento, diversa daquela que pode existir a partir do senso comum, não há dúvidas em afirmar que a criminologia é uma ciência."*[8]

Portanto, a criminologia é ciência, uma vez que possui métodos de estudo e objetos próprios, seguindo um método científico de obtenção de dados. Nesse sentido, a cientificidade da criminologia é empírica, pois se baseia na experiência e na observação da realidade dos fatos, visto que seu objeto de estudo (crime, criminoso, vítima e controle social) se situa no plano da realidade e não no plano dos valores. Neste aspecto, difere do Direito, porquanto é considerada uma ciência do "ser", ao passo que o Direito é uma ciência do "dever ser", com caráter normativo e valorativo.[9]

---

[8] SHECAIRA, Sérgio Salomão. **Criminologia.** 5ª edição. Revista dos Tribunais, 2013, p. 35

[9] OLIVEIRA, Natacha Alves. **Criminologia: coleção sinopses para concursos.** 2ª edição. Juspodivm, 2020, p. 19

Outro ponto a ser observado é que a criminologia é uma ciência interdisciplinar, pois transita por outras áreas como a sociologia, história, psicanálise, antropologia e filosofia.[10]

Etimologicamente, criminologia vem do latim crimino (crime) e do grego logos (estudo, tratado), significando o "estudo do crime". Para Afrânio Peixoto (1953, p. 11), a criminologia "*é a ciência que estuda os crimes e os criminosos, isto é, a criminalidade*". Entretanto, a criminologia não estuda apenas o crime, mas também as circunstâncias sociais, a vítima, o criminoso, o prognóstico delitivo etc.

A palavra "criminologia" foi pela primeira vez usada em 1883 por Paul Topinard e aplicada internacionalmente por Raffaele Garófalo, em seu livro Criminologia, no ano de 1885. Assim, pode-se conceituar criminologia como a ciência empírica (baseada na observação e na experiência) e interdisciplinar que tem por objeto de análise o crime, a personalidade do autor do comportamento delitivo, da vítima e o controle social das condutas criminosas.

A criminologia é uma ciência do "ser", empírica, na medida em que seu objeto (crime, criminoso, vítima e controle social) é visível no mundo real e não no mundo dos valores, como ocorre com o direito, que é uma ciência do "dever-ser", portanto normativa e valorativa.

---

[10] SHECAIRA, Sérgio Salomão. **Criminologia.** 8ª edição. Revista dos Tribunais. 2020, p. 49

A interdisciplinaridade da criminologia decorre de sua própria consolidação histórica como ciência dotada de autonomia, à vista da influência profunda de diversas outras ciências, tais como a sociologia, a psicologia, o direito, a medicina legal etc.

Embora exista um consenso entre os criminólogos de que a criminologia ocupe uma instância superior, esta não se dá de forma piramidal, pois não existe preferência por nenhum saber parcial, conforme se vê no esquema a seguir.

Antonio García-Pablos de Molina e Luiz Flávio Gomes[11] sustentam que as características da moderna criminologia são:

- O crime deve ser analisado como um problema com sua face humana e dolorosa.
- Aumenta o espectro de ação da criminologia, para alcançar também a vítima e as instâncias de controle social.
- Acentua a necessidade de prevenção, em contraposição à ideia de repressão dos modelos tradicionais.
- Substitui o conceito de "tratamento" (conotação clínica e individual) por "intervenção" (noção mais dinâmica, complexa, pluridimensional e próxima da realidade social).

---

[11] (2008, p. 32)

- Empresta destaque aos modelos de reação social ao delito como um dos objetos da criminologia.
- Não afasta a análise etiológica do delito (desvio primário).

Em resumo, a criminologia tem seu conceito formado por três partes:

MÉTODO DA CRIMINOLOGIA	OBJETO DA CRIMINOLOGIA	FUNÇÃO DA CRIMINOLOGIA
Ciência (ou arte, ou saber) empírica (ou seja, estuda a realidade, e não a norma penal) e interdisciplinar (envolve conceitos de diversas ciências: psicologia, sociologia, direito, ciência política, economia)	Que se preocupa com o estudo do crime, do criminoso, da vítima e do controle social (objeto atual) e que trata de fornecer uma informação segura sobre a gênese, dinâmica e variáveis principais do evento delitivo.	Assim como os programas de eficácia do mesmo (prevenção primária, secundária e terciária) e técnicas de intervenção positiva do criminoso (prevenção terciária) e nos diversos modelos de resposta (reação) ao delito (repressiva, reparadora, preventiva).

1.5 OBJETO DA CRIMINOLOGIA

Embora tanto o direito penal quanto a criminologia se ocupem de estudar o crime, ambos dedicam enfoques diferentes para o fenômeno criminal. O direito penal é ciência normativa, visualizando o crime como conduta anormal para a qual fixa uma punição. O direito penal conceitua crime como conduta (ação ou omissão) típica, antijurídica e culpável (corrente causalista).

Por seu turno, a criminologia vê o crime como um problema social, um verdadeiro fenômeno comunitário, abrangendo quatro elementos constitutivos, a saber: a incidência massiva na população (não se pode tipificar como crime um fato isolado); incidência aflitiva do fato praticado (o crime deve causar dor à vítima e à comunidade); persistência espaço-temporal do fato delituoso (é preciso que o delito ocorra reiteradamente por um período significativo de tempo no mesmo território) e consenso inequívoco acerca de sua etiologia e técnicas de intervenção eficazes (a criminalização de condutas depende de uma análise minuciosa desses elementos e sua repercussão na sociedade).

Desde os primórdios até os dias de hoje a criminologia sofreu mudanças importantes em seu objeto de estudo. Houve tempo em que ela apenas se ocupava do estudo do crime (Beccaria), passando pela verificação do delinquente (Escola Positiva). Após a década de 1950, alcançou projeção o estudo das vítimas e também os mecanismos de controle social, havendo uma ampliação de seu objeto, que assumiu, portanto, uma feição pluridimensional e interacionista.

Atualmente o objeto da criminologia está dividido em quatro vertentes: delito, delinquente, vítima e controle social. Atualmente, uma vez que conforme vimos acima, na criminologia tradicional a vítima e o controle social não integravam a criminologia enquanto objeto de estudo.

1.6 DELITO

No que concerne ao delito, a criminologia desempenha uma função crucial, dedicando-se a uma análise verificativa abrangente que investiga minuciosamente a conduta antissocial, suas causas subjacentes e os fatores desencadeadores que conduzem à criminalidade.

A criminologia moderna não pode se limitar à adoção do conceito jurídico-penal de delito, pois isso fulminaria sua independência e autonomia, transformando-se em mero instrumento de auxílio do sistema penal. De igual sorte, a criminologia não aceita o conceito sociológico de crime como uma conduta desviada, que foge ao comportamento padrão de uma comunidade. Tampouco aceita como um conceito ontológico.

Para o avanço no estudo da criminologia, é primordial compreender que o crime não é um conceito ontológico.

Ontologia é a parte da metafísica que trata da natureza, realidade e existência dos entes. A ontologia trata do ser enquanto ser, isto é, do ser concebido como tendo uma natureza comum que é inerente a todos e a cada um dos seres que gosta de estudar. Quando falamos que o crime é um conceito ontológico, estamos dizendo que por sua própria natureza aquela conduta é uma conduta má! É como se estivéssemos afirmando que todas as condutas previstas como crime são coisas naturalmente maléficas, por sua própria natureza.

Assim, para a criminologia, o crime é um fenômeno social, comunitário e que se mostra como um "problema" maior, a exigir do pesquisador uma empatia para se aproximar dele e o entender em suas múltiplas facetas. Destarte, a relatividade do conceito de delito é patente na criminologia, que o observa como um problema social.

Observe que o conceito de crime, para a criminologia, não se resume ao que é definido pelo direito penal. Isso porque o conceito de crime para o direito penal não é o mesmo do conceito da criminologia. Assim, alguns fatos que não são previstos como crime pelo direito penal são de interesse de estudo da criminologia, uma vez que fazem parte de um mesmo complexo de fenômenos sociais, a exemplo da prostituição.

Importante destacar que a criminologia moderna, sobretudo após a década de 60, a partir da mudança de paradigma que superou a perspectiva etiológica – preocupação com causa da criminalidade – passou a ser mais complexa, questionando qual o critério que faz com que algumas condutas sejam consideradas crimes e outras não.

Em suma, temos que o conceito de criminologia tradicional apenas aceitava e "importava" o conceito de crime apresentado pelo direito penal. Com isso, era uma criminologia conformista, que servia de suporte para a manutenção do *status quo*. Sustentava-se o discurso da perfeição da ciência jurídica, e o conceito de crime é um conceito ontológico, preocupando-se a criminologia com o paradigma etiológico – descobrir qual a causa do crime.

Por sua vez, com o conceito moderno, passou-se a questionar o conceito de crime apresentado pelo direito penal. Por consequência, o conceito de pena e a sua utilidade também passa a ser questionada. Crime, portanto, é o que se define como crime pelos poderes estabelecidos - paradigma definitorial, substituindo o etiológico – em razão de reconhecer que há uma natureza conflituosa da ordem social. Crime é aquilo que se define (por isso, definitorial) como crime.

Em síntese, não existe um conceito unitário de crime para a criminologia. Cada escola criminológica entenderá o crime de uma maneira diversa. No entanto, para que um fato seja considerado crime, é necessário a presença de 4 elementos constitutivos, os quais deverão coexistir:

a) **Incidência massiva:** o fato não pode ser episódico, isolado. Ex.: Em 1987, a Lei 7.643, criou o tipo penal de molestar cetáceos, em razão de um caso isolado em que uma pessoa provocou a morte de um golfinho que encalhou na Praia de Copacabana. Tal lei é extremamente criticada pela criminologia, uma vez que não se trata de um caso de incidência massiva na população;

b) **Incidência aflitiva:** o crime deve gerar dor, angústia, prejuízo. Existem crimes que possuem incidência aflitiva, que gera prejuízos, mas não é tão fácil de ser detectada. Os crimes de "colarinho branco" são exemplos. Uma coisa é a incidência aflitiva ser óbvia, e outra coisa é não ser tão óbvia. Tem condutas que não têm incidência aflitiva – que não gera sofrimento, apesar do prejuízo;

c) **Persistência espaço-temporal:** não é possível criminalizar uma "moda", algo passageiro. Ex.: na época da jovem guarda, era muito comum arrancarem uma peça do carro fusca (chamado "brucutu") e fazerem anéis com a peça. Se criminalizassem a conduta, ela estaria em desuso atualmente. Outro exemplo: os "rolezinhos" de adolescentes na periferia, que iam aos shoppings para fazer algazarra. Hoje é incomum. Mas, quando esses movimentos se iniciaram, se tivessem sido criminalizados, estariam, hoje, em desuso;

d) **Inequívoco consenso acerca da causa da conduta:** para criminalizar alguma coisa, é preciso ter certeza que a causa da conduta está sendo atingida. Porque, criminalizar sem essa certeza, pode trazer mais problemas ou não resolver a problemática.

Nas palavras de Schecaira[12]:

> *"Seguramente poderíamos qualificar o álcool como droga lícita, mas uma droga que produz profundas consequências não somente para todos os dependentes, bem como para todos quantos têm que se relacionar com o adicto. Não se tem dúvida, pois, de que o uso indiscriminado de bebidas alcoólicas produz consequências massivas, aflitivas, e de que tais consequências têm uma persistência espaço-temporal. Mas quantos estudiosos sérios proporia a criminalização do uso ou contrabando do álcool? Quantos cometeriam o mesmo erro do passado, no período da Lei Seca nos Estados Unidos? Sem dúvida, não são todos os fatos que, aflitivos e massivos, com persistência espaço-temporal, devem ser considerados crimes."*

Portanto, ao contrário do Direito Penal, que tem sua incidência condicionada ao início dos atos executórios, a Criminologia busca se antecipar aos fatos que antecedem a configuração prática do conceito jurídico-penal de crime, visando compreender a dinâmica do crime e intervir nesse processo com o escopo dissuasório[13].

---

[12] SHECAIRA, Sérgio Salomão. **Criminologia.** 5ª edição. Revista dos Tribunais, 2013, p. 46.

[13] OLIVEIRA, Natacha Alves. **Criminologia: coleção sinopses para concursos.** 2ª edição. Salvador. Juspodivm, 2020, p. 42

1.7 DELINQUENTE

O estudo do criminoso visa investigar a origem do comportamento delitivo, explorando os fatores que o levaram a violar o ordenamento jurídico. A percepção sobre a figura do delinquente variou ao longo do tempo, conforme as diferentes abordagens das Escolas Criminológicas.

> **a) Para a Escola Clássica:** o criminoso é um pecador que optou pelo mal, optou por delinquir, optou por quebrar o contrato social, ele é um pecador e deve receber uma punição proporcional. Foca no livre arbítrio;
>
> **b) Para a Escola Positiva:** o criminoso é aquela pessoa que sofre de uma patologia, é prisioneiro de suas próprias patologias, ou processo causais alheios, age movido por algum determinismo. Rechaça o livre arbítrio;
>
> **c) Para os correcionalistas:** o criminoso é o sujeito débil, inferior, que vai merecer do Estado uma postura de proteção, pedagógica;
>
> **d) Para os marxistas:** o criminoso é considerado uma vítima da sociedade, que tem como base o capitalismo; e
>
> **e) Paulo Sumariva:** é um ser humano normal, que convive no seio social, que deveria

se submeter a um sistema de lei, de normas de conduta, já que vive em sociedade, mas, por razões multifatoriais diversas, ele comete a conduta criminosa.

f) **Sheccaira:** dadas as diferentes perspectivas, e em face de todas as discussões posteriores às concepções originais acima formuladas, entende-se que o criminoso é um ser histórico, real, complexo e enigmático. [...] por isso, as diferentes perspectivas não se excluem; antes, completam-se e permitem um grande mosaico [...]. Assim como o crime, não há uma definição de criminoso, porque cada Escola entende de uma maneira.

Diante das diversas perspectivas e das discussões subsequentes às concepções originais, o criminoso é compreendido como um ser histórico, real, complexo e enigmático. Essas diferentes abordagens não se excluem; ao contrário, complementam-se, formando um vasto mosaico que sustenta o direito penal contemporâneo.

1.8 VÍTIMA

A vítima, nos dois últimos séculos, foi quase totalmente menosprezada pelo direito penal. Somente com os estudos criminológicos é que seu papel no processo penal foi resgatado. Tem-se convencionado dividir os tempos em três grandes momentos, no que concerne ao protagonismo das vítimas nos estudos penais: a "idade de ouro" da vítima; a neutralização do poder da vítima; e a revalorização do papel da vítima[14].

Assim, para compreender a vítima como objeto de estudo na criminologia, é crucial traçar o desenvolvimento histórico da relação entre ela e o sistema punitivo.

Inicialmente, tanto na fase de vingança ilimitada (destruição do grupo adversário) quanto na fase de vingança limitada (lei do talião), a vítima desempenhava um papel central na resolução dos conflitos. Esse período representou a "idade de ouro" da vítima, em que, além da punição, havia uma preocupação com a reparação dos danos, ou seja, uma consideração pelos interesses diretos do ofendido.

Com a superação da autotutela, da composição e da pena de talião pelo advento do processo legal moderno, inicia-se a fase em que a vítima é neutralizada, sendo substituída pelo Estado na resolução do conflito. O crime deixa de ser visto como uma ofensa direta aos interesses da vítima e passa a ser entendido como uma violação a um bem jurídico. Dessa forma, o Estado assume o papel central na resolução do conflito penal.

Nas últimas décadas, no entanto, tem havido um esforço crescente para revalorizar o papel e os interesses

---

[14] SHECAIRA, Sérgio Salomão. Criminologia. 8ª edição. Revista dos Tribunais. 2020, p. 63.

da vítima no processo penal, incluindo a reparação dos danos eventualmente causados pelo delito.[15]

Fase	Período	Características
Protagonismo (Idade de Ouro)	Primórdios até Alta Idade Média	- A vítima é a protagonista do direito de punir, - **Autotutela e Justiça Privada**: A vítima busca reparação e pune o criminoso. - **Vingança**: Justiça pela própria vítima.
Neutralização	Final da Idade Média	- **Estado Assume o Controle**: O crime é visto como uma afronta à soberania do rei. - **Perda do Protagonismo da Vítima**: A vítima perde o direito de punir. - **Objetivo Principal**: Foco na condenação do réu, não na reparação do dano.
Revalorização (Redescobrimento) da Vítima	Pós-Segunda Guerra Mundial	- **Surgimento da Vitimologia**: A importância da vítima é redescoberta. - **Revalorização na Persecução Penal**: Tentativa de recuperar os interesses da vítima. - **Exemplo**: Reparação de danos na sentença condenatória penal (art. 387, inciso IV, do CPP).

A questão da vítima tem um contorno sistemático em sua abordagem pela criminologia a partir do término da 2ª Guerra Mundial, quando se percebeu as atrocidades cometidas pelo regime nazista para com suas vítimas.

Nesse sentido, a partir de meados do século XX, diante da ampliação dos estudos criminológicos acerca da vítima, surge a disciplina denominada vitimologia, com o

---

[15] GARCÍA-PABLOS DE MOLINA, Antonio; GOMES, Luiz Flávio, op. cit., p. 71-72. SHECAIRA, Sérgio Salomão, op. cit., p. 52-54.

propósito de estudar o seu papel no episódio danoso, bem como seu modo de participação e contribuição na ocorrência do delito.

A **vitimização primária** refere-se ao impacto direto do crime sobre a vítima, envolvendo a interação entre o agente do crime e a pessoa vitimizada.

A **vitimização secundária** resulta da maneira como o Estado trata a vítima após o crime, podendo incluir situações como exposição excessiva, procedimentos burocráticos desgastantes e falta de sensibilidade por parte das autoridades.

É o sofrimento causado à vítima em virtude do processo criminal. Nas palavras de Viana: "*consiste em custos adicionais causados à vítima em razão da necessária interferência das instâncias oficiais de controle social*"[16].

Ainda aqui, importa acrescentar que como fenômeno da vitimização secundária uma parte dos crimes sexuais não é noticiada às autoridades policiais, gerando o que se conhece por cifra oculta, que pode ocorrer tanto pela manipulação de estatísticas pelas autoridades públicas como por diversos motivos relacionados à vítima, a exemplo da vergonha, do medo e do sentimento de que será inútil noticiar.

A **vitimização terciária** ocorre devido à reação do meio social à vítima, como quando ela é alvo de

---

[16] VIANA, Eduardo. Criminologia. 5ª edição. Salvador: Juspodivm, 2017, p.160.

ridicularização ou fofocas em decorrência do delito que a vitimou. Um caso particular dentro dessa categoria é o de uma pessoa presa injustamente, que sofre consequências prejudiciais decorrentes do erro judicial. De acordo com o Professor Schecaira, essa situação também configura uma forma de vitimização terciária.

Vitimização indireta envolve o sofrimento de pessoas próximas à vítima, que, embora não tenham sido diretamente atingidas pelo criminoso, experimentam o impacto emocional devido ao sofrimento do ente querido.

Heterovitimização refere-se à autoincriminação da vítima, que busca razões para acreditar que, de alguma forma, contribuiu para a ocorrência do crime. Exemplos disso incluem deixar um veículo destravado ou assinar um cheque em branco.

1.9 CONTROLE SOCIAL

O controle social corresponde aos mecanismos disciplinares que toda sociedade opera para garantir a convivência harmônica entre os indivíduos, isto é, corresponde aos instrumentos que orientam as posturas dos indivíduos a fim de submetê-los às normas comunitárias.

A criminologia estuda as formas de resposta social ao delito, investigando a eficácia e efeitos das sanções penais no processo de controle e prevenção do crime.

O controle social pode ser classificado a partir de sua forma de manifestação:

a) Controle social formal: é exercido pelas instituições oficiais do Estado, tais como as polícias, ministérios públicos, Poder Judiciário, etc. Para parte da doutrina, o controle social formal. Subdivide-se em:

a.1) Primeira seleção: Trata-se do início da atividade de persecução penal com o desempenho da atividade investigativa pela polícia judiciária, visando à apuração da autoria, materialidade e demais circunstâncias da infração penal.

a.2) Segunda seleção: Corresponde ao início da ação penal, com o oferecimento da denúncia pelo Ministério Público.

a.3) Terceira seleção: Decorre da tramitação do processo judicial criminal e da eventual condenação do autor do fato e aplicação da respectiva sanção penal.

b) Controle social informal: É exercido pela sociedade civil (família, escola, vizinhos, opinião pública, mídia etc.), com a difusão das regras sociais, fazendo com que as mesmas sejam internalizadas pelo indivíduo ao longo do processo de socialização, bem como pela aplicação das sanções sociais (estigma negativo, castigo aos filhos pequenos etc.).

2. ESCOLAS PENAIS (CRIMINOLÓGICAS)

Escolas Penais, Escolas do Pensamento Penal ou ainda Escolas Criminológicas são as correntes de pensamento da dogmática jurídico-penal em que se pretende sistematizar os conjuntos de princípios e valores basilares para a averiguação do conteúdo e para a interpretação do Direito Penal positivo, isto é, das normas penais impostas pelo Estado mediante o seu poder de punir (*ius puniendi*). Os teóricos do pensamento criminológico pretendem analisar o crime com rigor científico. Como hoje se conhece, as escolas penais emergem por ocasião do Iluminismo, com vanguarda da Escola Clássica[17].

2.1 ESCOLA CLÁSSICA

A Escola Clássica tem suas origens na doutrina da antiga filosofia grega, desenvolvendo-se no Século XVIII, como uma corrente de pensamento que reage contra as arbitrariedades do Antigo Regime para garantir os direitos do indivíduo.

O pensamento clássico recebeu notoriedade por ter buscado a superação das atrocidades do Antigo Regime,

---

[17] Bitencourt, Cezar Roberto (2011). Tratado de Direito Penal, vol. 1 - Parte Geral. São Paulo: Saraiva.

substituindo a persecução penal baseada no suplício por uma inspirada em princípios diametralmente opostos, como os princípios da humanidade, legalidade e utilidade da pena.[18]

Foi o Marquês de Beccaria que, em 1764, com seu livro "dos delitos e das penas", fincou as raízes do pensamento clássico, sintetizando o pensamento iluminista à época, propondo, dentre outras ideias, que a efetividade do cumprimento da lei era mais importante do que o seu rigor, o que pavimentou a estrada para o fim das penas cruéis e capitais no século seguinte.[19]

Portanto, a Escola Clássica de Criminologia, também chamada de **retribucionista**, forma-se a partir da filosofia do Iluminismo, como proteção dos direitos humanos contra a violência das instituições feudais de poder.[20]

Pode-se citar como principais expoentes da escola clássica: Francesco Carrara, Cesare Beccaria e Feuerbach.

Como apontado acima, uma das principais obras que marcou a escola clássica foi "Dos Delitos e Das Penas" (1764) de Cesare Beccaria, que defendia a

---

18 BARATTA, Alessandro. Criminologia Crítica e Crítica do Direito Penal: introdução à sociologia do Direito Penal; tradução Juarez Cirino dos Santos. Rio de Janeiro. 6ª edição. Revan: Instituto Carioca de Criminologia, p. 31.

19 SHECAIRA, Sérgio Salomão. Criminologia. 5ª edição. Revista dos Tribunais, 2013, p. 85.

20 SANTOS, Juarez Cirino dos. Criminologia: Contribuição Para a Crítica da Economia da Punição. 2ª edição. Tirant lo Blach, 2021, p. 13.

limitação da pena e a limitação do poder estatal. No entanto, foi Francesco Carrara que trouxe uma concepção de delito como ente jurídico, pela qual o crime não é considerado um simples fato, mas uma relação contraditória entre a conduta humana e a lei, ou seja, uma infração.[21]

É importante ressaltar que os pensadores clássicos não basearam suas conclusões no direito positivo, mas sim na razão. Para Carrara, por exemplo, o crime seria uma "*violação do direito como exigência racional e não como norma de direito positivo.*"[22]

Para Carrara, quando se fala em "direito", não se está mencionando o direito positivo, extremamente mutável, e, sim, uma lei absoluta, "segundo as previsões e a vontade do Criador"[23], o que se relaciona com o Direito Natural. Assim, os princípios da Escola Clássica, por revelarem o próprio direito natural, deveriam preponderar sobre o direito positivo, caso conflitantes.

Valendo-se do **método lógico-abstrato ou dedutivo**, pelo qual extrai-se consequências lógicas de um princípio geral, centralizou seus estudos na figura do crime e fundamentou a responsabilidade penal, à luz da

---

[21] OLIVEIRA, Natacha Alves. Criminologia: coleção sinopses para concursos. 2ª edição. Salvador. Juspodivm, 2020, p. 68.

[22] SHECAIRA, Sérgio Salomão. Criminologia. 5ª edição. Revista dos Tribunais, 2013, p. 86.

[23] BARATTA, Alessandro. Criminologia Crítica e Crítica do Direito Penal: introdução à sociologia do direito penal; tradução Juarez Cirino dos Santos. Rio de Janeiro. 6ª edição. Revan: Instituto Carioca de Criminologia, p. 36.

concepção contratualista, na moral, no livre-arbítrio e na autodeterminação do indivíduo (princípio do indeterminismo).[24]

Em outras palavras, o indivíduo, ao aderir ao contrato social e dotado de livre-arbítrio, ao infringir a lei de maneira deliberada e consciente, sujeita-se a uma sanção como resposta objetiva à sua conduta delituosa, visando o restabelecimento da ordem jurídica violada. Assim, o criminoso é considerado um ser autônomo que comete o delito por escolha moral, desvinculada de influências externas.

Para a escola clássica, o criminoso, sendo livre e racional, realiza um cálculo mental ponderado, avaliando a dor, as vantagens e desvantagens de cometer o crime. Se concluir que as vantagens superam os potenciais prejuízos, ele decide realizar a ação. Essa visão está alinhada ao utilitarismo, corrente filosófica defendida por Jeremy Bentham, que postula que as ações humanas são guiadas pela busca de satisfação ou pela evitação de sofrimento.

Essa escola é fundamentada no princípio do individualismo, pois entende que o crime é uma escolha do indivíduo, considerado mentalmente são e livre para tomar suas decisões. Os teóricos clássicos desconsideravam a possibilidade de influências externas no processo decisório de cometer ou não um crime.

---

24 OLIVEIRA, Natacha Alves. Criminologia: coleção sinopses para concursos. 2ª edição. Salvador. Juspodivm, 2020, p. 68.

Para os clássicos, a pena tem um caráter retributivo e dissuasório. Ela busca tanto retribuir o mal causado pelo indivíduo que, livremente, optou por cometer o crime (sem, contudo, ser cruel ou desumana), quanto desencorajar o criminoso e outros indivíduos a repetirem tais ações.

Alguns estudiosos apontam que a noção de exigibilidade de conduta diversa como pressuposto da culpabilidade no direito penal deriva dos ideais clássicos, já que, segundo essa perspectiva, o indivíduo só pode ser punido se tiver agido por sua própria vontade, exercendo seu livre-arbítrio ao cometer o delito.

2.2 ESCOLA POSITIVA

Desenvolveu-se a partir do século XIX, tendo como marco teórico a publicação da obra "O Homem Delinquente", de Césare Lombroso (tidos por muitos como o "pai da criminologia"), em 1876. Foi a partir desta obra que a criminologia ganhou um cunho científico, sobretudo por utilizar o método empírico indutivo, ou seja (busca-se uma proposição geral pela análise de dados particulares), procurou explicar cientificamente as causas do delito (fato humano e social) a partir da observação dos fatos e dos dados (mundo sensível, fenomênico) e estabelecer formas de reação em defesa do corpo social.[25]

---

[25] OLIVEIRA, Natacha Alves. Criminologia: coleção sinopses para concursos. 2ª edição. Salvador. Juspodivm, 2020, p. 70.

Os principais autores do positivismo criminológico foram: Cesare Lombroso, Enrico Ferri e Raffaelle Garofalo.

A escola positiva também é chamada de Criminologia Positivista e passou a perquirir as causas da criminalidade, o que lhe conferiu a qualidade de ter iniciado o paradigma etiológico (estudo das causas de algum fenômeno), uma vez que a indagação dos motivos de as pessoas cometerem crimes passa a ser a pauta dos seus estudos.[26]

Ponto de grande relevância para escola positiva é a crença no determinismo, isto é, em uma série de fatores que levariam (determinariam) o indivíduo à prática do crime, portanto, tal escola nega o livre-arbítrio.

Para Lombroso, esse determinismo era biológico, em outras palavras, o indivíduo teria características físicas e biológicas que levariam ele a ter uma maior predisposição à prática criminosa, é o que o autor convencionou chamar de "Criminoso Nato". Logo, o criminoso nato é um ser "anormal" ou "atávico".

O crime para Lombroso é um fenômeno biológico e não um ente jurídico (como sustentavam os clássicos), razão pela qual, o método a ser utilizado para o seu estudo deveria ser o empírico.

O delito é um ente natural, um fenômeno necessário determinado por causas biológicas de natureza, sobretudo hereditária e, o criminoso é um ser

---

[26] GONZAGA, Christiano. Manual de Criminologia. 2ª edição. São Paulo. Saraiva, 2020.

atávico que representa a regressão do homem ao primitivismo, é um selvagem que já nasce delinquente (criminoso nato).

A ideia central se pautava no determinismo biológico, sendo certo que o livre-arbítrio não passava de uma mera ficção.

Nas lições de Alessandro Baratta:

> *"A visão predominantemente antropológica de Lombroso foi, posteriormente, ampliada por Ferri, com a acentuação dos fatores sociológicos, e com Garófalo, com acentuação de fatores psicológicos".*

Enrico Ferri, autor da obra Sociologia Criminal, foi o principal responsável por ampliar o estudo das causas do crime para outras circunstâncias, sobretudo sociais, além de enfatizar que o criminoso não teria livre-arbítrio (ao contrário do que defendia a Escola Clássica).

Ferri dá ênfase às ciências sociais, com uma compreensão mais alargada da criminalidade, evitando-se o reducionismo antropológico. Para ele, o fenômeno da criminalidade decorria de fatores antropológicos, físicos e sociais. Contribuiu para a criação da principal categorização de delinquentes, qual seja, criminoso nato, louco, habitual, ocasional e passional.

Raffaele Garofalo, considerado o jurista do positivismo criminológico, foi o principal responsável pelo desenvolvimento do conceito de temibilidade (periculosidade) e das medidas de segurança.

Em relação à resposta político-criminal proposta pelo positivismo, Shecaira sintetiza que:

> "*A responsabilidade penal é a responsabilidade social, por viver o criminoso em sociedade, tendo por base a periculosidade. A pena seria, pois, uma medida de defesa social, visando à recuperação do criminoso. Tal medida, ao contrário do que pensavam os clássicos, defensores da pena por tempo determinado, terá denominação de medida de segurança e será por tempo indeterminado, até ser obtida a recuperação do condenado. O criminoso será sempre psicologicamente um anormal, temporária ou permanentemente*".[27]

No Brasil, a escola positiva encontrou terreno fértil a partir do pensamento de Nina Rodrigues, que elaborou uma concepção racista do conceito de criminoso quando desenvolveu diversos estudos em que tratava da suposta inferioridade racial e de como isso repercutia na responsabilização penal.[28]

---

[27] SHECAIRA, Sérgio Salomão. Criminologia. 8 ed. São Paulo: Revista dos Tribunais, 2020. p. 100.

[28] VIANA, Eduardo. Criminologia. 5ª edição. Salvador: Juspodivm, 2017, p. 114.

2.3 ESCOLA CORRECIONALISTA

Essa Escola Penal surgiu na Alemanha por volta de 1839, trazendo a ideia de que a pena tem a finalidade de corrigir a injusta e perversa vontade do criminoso. Dessa forma, o entendimento era de que a pena não poderia ser fixa e determinada, mas sim que deveria durar enquanto fosse necessária para corrigir a conduta do delinquente. É importante observar que não existe a preocupação com a repressão ou a punição do criminoso, mas sim com o endireitamento de suas condutas.

Para a escola correcionalista, o infrator é um ser incapaz e dotado de debilidade, apresentando uma vontade perversa e socialmente injusta, de modo que não reúne condições para conduzir sua própria vida em sociedade.

Assim, deve o Estado adotar uma política correicional ou pedagógica para o tratamento do crime, buscando corrigir a vontade perversa do malfeitor, assumindo a pena a função de prevenção especial.

Vale dizer, a repressão deve ser utilizada como fim terapêutico, com vista a possibilitar a regeneração do criminoso. Segundo essa corrente, a sanção penal deve ser aplicada por tempo indeterminado, enquanto perdurar o estado de perigo do agente.

Em linhas gerais, o correcionalismo penal é uma corrente que dedicada ao estudo pedagógico e ressocializador do infrator, despontando como uma evolução humanística no campo do Direito Penal e condizente às civilizações modernas. Sem prejuízo, eleva ao extremo a análise da debilidade social do infrator, o que é um contraste aos fundamentos do Direito Penal contemporâneo, de índole constitucional.

2.4 IDEOLOGIA DA DEFESA SOCIAL

Nascida contemporaneamente à revolução burguesa, a ideologia social foi herdada da Escola Clássica pelos positivistas, os quais a transformaram em alguns de seus aspectos.

A ideologia da defesa social abarca o princípio do delito natural, segundo o qual o núcleo central dos delitos definidos nas legislações penais das nações civilizadas representa violação de interesses fundamentais, comuns a todos os cidadãos.

Segundo Alessandro Baratta, a ideologia da defesa social pode ser reconstruída na seguinte série de princípios[29]:

---

[29] BARATTA, Alessandro. **Criminologia Crítica e Crítica do Direito Penal: introdução à sociologia do direito penal;** tradução Juarez Cirino dos Santos. Rio de Janeiro. 6ª edição. Revan: Instituto Carioca de Criminologia, p. 42.

1. **Princípio de legitimidade:** O estado, como expressão da sociedade, está legitimado para reprimir a criminalidade, da qual são responsáveis determinados indivíduos, por meio das instâncias oficiais de controle social. Estas instâncias oficiais, portanto, representam a legítima reação da sociedade ao crime praticado.

2. **Princípio do bem e do mal:** o delito é um dano para a sociedade e o delinquente é um elemento negativo do sistema.

3. **Princípio de culpabilidade:** o delito é expressão de uma atitude interior reprovável, porque contrária aos valores e às normas.

4. **Princípio da finalidade ou da prevenção:** dupla função da pena, tanto de prevenir quanto de ressocializar o indivíduo.

5. **Princípio da igualdade:** a reação penal é igual para todos, sendo que a conduta criminosa é comportamento de uma minoria desviante.

6. **Princípio do interesse social e do delito natural:** Os interesses protegidos pelo direito penal são interesses comuns a todos os membros da sociedade.

2.5 TERZA SCUOLA (TERCEIRA ESCOLA OU ESCOLA ECLÉTICA)

A Terceira Escola Italiana, cuja origem se deu no início do século XX a partir da conciliação de preceitos clássicos e positivistas, reconhece o crime como um fenômeno individual e social e fundamenta a pena, com base no determinismo na responsabilidade moral do criminoso, distinguindo os imputáveis dos inimputáveis.[30] Esta escola confere uma distinção clara de que a pena criminal deve ser destinada para os imputáveis, enquanto as medidas de segurança devem destinar-se aos inimputáveis.[31]

Por fim, trata a pena como algo de caráter aflitivo, pugnando apenas pela defesa social. Com o viés penalista e despreocupado com o aspecto ressocializador, seus expoentes tratam a sanção criminal como algo que é necessário apenas para retribuir ao mal do crime com o mal da pena.

Os principais expoentes dessa Escola foram: Alexandre Lacassagne, Aubry, Martin y Locard, Bournet y Chassinand, Coutagne, Massenet, Manouvrier, Letorneau e Topinard.

---

[30] OLIVEIRA, Natacha Alves. Criminologia: coleção sinopses para concursos. 2ª edição. Salvador. Juspodivm, 2020, p. 79.

[31] GONZAGA, Christiano. **Manual de Criminologia.** 2ª edição. São Paulo. Saraiva, 2020.

2.6 ESCOLA DE LYON, ESCOLA ANTROPOSSOCIAL OU CRIMINAL-SOCIOLÓGICA

A Escola de Lyon, cujo principal expoente é Alexandre Lacassagne (1843-1924), defende que o criminoso apresenta uma predisposição pessoal para a delinquência que permanece latente e eclode a partir da interação com o meio social.[32] Assim, há uma junção do aspecto psicológico do indivíduo com o meio social em que ele vive.

Alexandre Lacassagne, autor da célebre frase "*as sociedades têm os criminosos que merecem*", explica a gênese do crime a partir de uma analogia com os micróbios, que permanecem inócuos até que o advento de um adequado ambiente propicie condições para sua manifestação e desenvolvimento.[33]

2.7 ESCOLA TÉCNICO JURÍDICA

Tem sua origem a partir de uma reação à Escola Positivista no início do século XX, tendo como maiores expoentes Arturo Rocco, Manzini e Massari. Para essa escola, a criminologia não deve se misturar com outras ciências como a filosofia, sociologia, antropologia e

---

[32] OLIVEIRA, Natacha Alves. Criminologia: coleção sinopses para concursos. 2ª edição. Salvador. Juspodivm, 2020, p. 78.

[33] SUMARIVA, Paulo. Criminologia: Teoria e Prática. 6ª edição. Niterói. Impetus. 2020.

psicologia, defendendo que a criminologia seria a única ciência capaz de explicar a criminalidade.[34]

Como o próprio nome sugere, esse movimento realizou uma análise estritamente técnica do Direito Penal, dedicando-se ao estudo das leis e da exegese, a ponto de afastar qualquer conteúdo causal-explicativo inerente à antropologia, à sociologia e à filosofia.

Ademais, para seus defensores, o Direito Penal deveria se limitar ao direito positivo em vigor, visualiza o crime como uma relação jurídica de conteúdo individual e social e a pena como consequência e reação ao delito, com finalidade de prevenção geral e especial.

Nesse sentido, essa escola concebeu a pena como um mecanismo de defesa do Estado face à periculosidade do agente.

Já em uma segunda etapa, que teve como adeptos Maggiore e Bettiol, essa corrente apresentou um posicionamento mais moderno, resgatando as ideias de livre-arbítrio e do jusnaturalismo, a ponto de conferir à pena a finalidade de retribuição.[35]

Preleciona Bettiol que o Direito Penal é caracterizado pela positividade, "no sentido de que o Direito Penal vigente é apenas aquele que o Estado, através dos órgãos para tanto delegados pela Constituição, promulgou legalmente e considerou como

---

[34] FONTES, Eduardo; HOFFMAN, Henrique. Criminologia: Carreiras Policiais. 4ª edição. Salvador. Juspodivm, 2021.

[35] BETTIOL, Giuseppe. Direito Penal, 1977, p. 89.

seu próprio"[36]. De toda sorte, o caráter positivo da norma penal também deve ser compreendido sob o ângulo do direito natural, principalmente na perspectiva filosófico-cultural do período histórico em que vive o jurista.[37]

Em síntese, o tecnicismo jurídico representou um marco significativo no desenvolvimento da abordagem dogmática da ciência penal, introduzindo uma nova metodologia para o estudo do delito. Contudo, ao fazê-lo, acabou desconsiderando as bases etiológicas e sociológicas do crime, o que resultou em uma compreensão limitada da realidade social.

---

[36] BETTIOL, Giuseppe. Direito Penal, 1977, p. 105.
[37] BETTIOL, Giuseppe. Direito Penal, 1977, p. 105.

3. POLÍTICA CRIMINAL

Franz von Liszt foi o responsável por criar o modelo conhecido como "ciência conjunta do direito penal", de acordo com o qual a criminologia, a política criminal e o direito penal operariam conjuntamente, com funções claramente definidas e supostamente autônomas.

De acordo com o modelo liszteano, a dogmática penal corresponderia ao conjunto de princípios que subjazem ao ordenamento jurídico-penal e devem ser explicitados dogmática e sistematicamente. Já a criminologia, a partir da investigação científica, se incumbiria de revelar as causas do crime.[38]

Caberia à criminologia, enquanto ramo empírico das ciências criminais, explicar as causas do crime, orientando, com base em tais constatações, a política criminal: "*seria a ciência objetiva, provedora dos dados úteis para a decisão política [que] assegurava os materiais com os quais os políticos construíam*".[39]

Em outras palavras, "*a criminologia era a ciência mais ou menos causal do crime e a política criminal*

---

[38] Cf. SHECAIRA, Sérgio Salomão, op. cit., p. 39-40.

[39] ZAFFARONI, Eugenio Raúl. A palavra dos mortos – conferências de criminologia cautelar. Trad. Sérgio Lamarão. São Paulo: Saraiva, 2012. p. 31.

representava a seleção dos meios para lutar contra tais causas."[40]

De acordo com o modelo da ciência conjunta de Liszt, a política criminal corresponderia "*à disciplina que oferece aos poderes públicos as opções científicas concretas mais adequadas para o controle do crime, de tal forma a servir de ponte eficaz entre o direito penal e a criminologia*".[41]

A pretensa separação entre a dogmática e a política criminal pode ser ilustrada por trecho do prefácio da tradução brasileira do Tratado de Direito Penal de Liszt, escrito por José Hygino Duarte Pereira, o qual afirma que, na concepção do professor alemão, direito penal e política criminal *"são dois ramos do mesmo tronco, duas partes do mesmo todo, que se tocam, se cruzam e se frutificam; sem esta relação de mútua dependência, desnaturam-se e é inevitável a decadência do direito penal".*[42]

Em termos teóricos, a interferência da política criminal no campo da dogmática penal seria inviável. Qualquer abordagem político-criminal encontraria um limite no direito penal, que funcionaria como uma espécie

---

[40] ZAFFARONI, Eugenio Raúl. **Criminología –aproximación desde un margen**. v. 1. Santa Fé de Bogotá: Temis, 1993. p. 21. Trad. nossa.

[41] SHECAIRA, Sérgio Salomão, op. cit., p. 46.

[42] LISZT, Franz Von. **Tratado de Direito Penal Allemão. v. 1**. Trad. José Hygino Duarte Pereira. Rio de Janeiro: F. Briguiet, 1899. p. XXXVII.

de "magna carta" do criminoso, atuando como uma proteção do indivíduo contra intervenções arbitrárias do Estado.[43]

A política criminal delinearia apenas as direções para a reforma penal (criminalização primária), sem, contudo, exercer influência sobre a aplicação das normas jurídico-penais (criminalização secundária). Nesse sentido, conforme destacado pelo autor, o direito penal atuaria como uma "barreira intransponível" para a política criminal.[44]

De acordo com Delmas-Marty a política criminal *"compreende o conjunto de procedimentos pelos quais o corpo social organiza as respostas ao fenômeno criminal, aparecendo, portanto, como teoria e prática das diferentes formas de controle social".*[45]

Neste sentido, Haber destaca que a política criminal possui duas facetas, pois pode ser entendida como uma manifestação do poder do Estado quando da adoção de medidas e estratégias voltadas ao enfrentamento da

---

[43] ROXIN, Claus. **Política Criminal e Sistema Jurídico-Penal**. Trad. Luís Greco. Rio de Janeiro: Renovar, 2002. p. 3-4.

[44] DIAS, Jorge de Figueiredo. **Direito Penal Parte Geral - Questões Fundamentais. A doutrina geral do Crime**. t. 1. 1 d. São Paulo: Revista dos Tribunais, 2007. p. 21-22.

[45] DELMAS-MARTY, Mireille. **Os grandes sistemas de política criminal**. Trad. Denise Radanovic Vieira. Barueri: Manole, 2004. p. 3-4.

criminalidade, mas também como um conjunto de conhecimentos ou um saber sobre aquelas medidas.[46]

A partir do constante processo de mudança social, das novas abordagens ou revisões do direito penal, das evidências empíricas geradas pelo funcionamento das instituições que compõem o sistema penal, e dos avanços na criminologia, emergem princípios e recomendações que orientam a reforma ou transformação da legislação criminal e das entidades responsáveis por sua aplicação. Esse conjunto de princípios e diretrizes é conhecido como política criminal. Conforme o foco se dirige a diferentes etapas do sistema penal, podemos identificar políticas específicas, como a política de segurança pública (focada nas instituições policiais), a política judiciária (centrada nas instituições judiciais) e a política penitenciária (com ênfase nas instituições prisionais), todas partes integrantes da política criminal.[47]

Shecaira ensina que:

> *"A política criminal é uma disciplina que oferece aos poderes públicos as opções científicas concretas mais adequadas para controle do crime, de tal forma a servir de ponte eficaz entre o direito penal e a criminologia, facilitando a recepção das*

---

[46] HABER, Carolina Dzimidas. **Avaliação legislativa e direito penal: uma reconciliação entre o direito e a política criminal**. São Paulo: NEA, 2014. p. 50.

[47] BATISTA, Nilo. **Introdução crítica ao direito penal brasileiro**. 12 ed. Rio de Janeiro: Revan, 2011. p. 33.

> *investigações empíricas e sua eventual transformação em preceitos normativos.*
> *A política criminal, por seu turno, incumbe-se de transformar a experiência criminológica em opções e estratégias concretas assumíveis pelo legislador e pelos poderes públicos. O direito penal deve se encarregar de converter em proposições jurídicas gerais e obrigatórias o saber criminológico esgrimido pela política criminal.*
> *Assim, a diferença entre política criminal e a criminologia é que a política criminal implica as estratégias a se adotar dentro do Estado no que concerne à criminalidade e a seu controle, já a criminologia converte-se, em face da política criminal, em uma ciência de referência, na base material, no substrato teórico dessa estratégia."*[48]

A Política Criminal, portanto, pode ser conceituada como o conjunto de medidas e critérios de caráter jurídico, social e econômico adotados pelos Poderes Públicos para prevenir e reagir ao delito, visando ao controle da criminalidade[49], trabalhando as estratégias de controle e redução da criminalidade.

---

[48] SHECAIRA, Sérgio Salomão. **Criminologia.** 8ª edição.. Revista dos Tribunais. 2020, p. 42.

[49] OLIVEIRA, Natacha Alves. **Criminologia: coleção sinopses para concursos.** 2ª edição.. Salvador. Juspodivm, 2020, p. 50.

4. VITIMOLOGIA

A vitimologia pode ser conceituada como a disciplina que estuda a vítima enquanto sujeito passivo do crime, sua participação no delito e os fatores de vulnerabilidade. Para Benjamin Mendelsohn, considerado o pai da vitimologia, é "*ciência que se ocupa da vítima e da vitimização, cujo objeto é a existência de menos vítimas na sociedade, quando esta tiver real interesse nisso*".[50]

O conceito de vítima propugnado pela vitimologia alcança toda pessoa, física ou jurídica, ou ente coletivo prejudicado por uma conduta humana que constitua infração penal, adotando-se como paradigma o conceito criminológico de crime.[51] Para Paulo Sumariva[52] vítima é a pessoa que sofre danos de ordem física, mental e econômica, bem como a que perde direitos fundamentais, através de atos ou omissões que consistem em violação a normas penais, incluindo aquelas que prescrevem abuso de poder.

---

[50] OLIVEIRA, Natacha Alves. Criminologia: coleção sinopses para concursos. 2ª edição. Salvador. Juspodivm, 2020, p. 135

[51] OLIVEIRA, Natacha Alves. Criminologia: coleção sinopses para concursos. 2ª edição. Salvador. Juspodivm, 2020, p. 133.

[52] SUMARIVA, Paulo. Criminologia: Teoria e Prática. 6ª edição. Niterói. Impetus. 2020.

Os primeiros estudos acerca da vitimologia se deu pelos trabalhos de Hans Cross (1901), mas somente após o fim da Segunda Guerra Mundial, a partir dos estudos de Benjamin Mendelsohn, tendo-se como marco histórico a conferência "Um horizonte novo na ciência biopsicossocial: a vitimologia" (1947) na Universidade de Bucareste, e de Hans Von Henting, com a publicação da obra "O criminoso e sua vítima" (1948), é que a vitimologia passou a se desenvolver de forma relevante para o estudo da criminologia. No Brasil, tem-se como precursor do estudo Edgard de Moura Bittencourt, com a obra intitulada "Vítima" (1971).[53]

O papel e a importância dada à vítima foi se modificando ao longo do tempo, podendo-se definir ter períodos distintos:

a) **Período da vingança privada (Idade de ouro da vítima):** o primeiro período durou desde a Antiguidade até o final da Alta Idade Média, conhecido como "idade do ouro", vislumbrava-se uma conotação individualista, vivenciando-se o protagonismo da vítima, que era detentora do direito de punir (autotutela), consoante o princípio de talião.[54] Nessa época, recaía sobre a vítima o poder de punir o

---

[53] OLIVEIRA, Natacha Alves. Criminologia: coleção sinopses para concursos. 2ª edição. Salvador. Juspodivm, 2020, p. 134.
[54] OLIVEIRA, Natacha Alves. Criminologia: coleção sinopses para concursos. 2ª edição. Salvador. Juspodivm, 2020, p. 137.

criminoso (Jus Puniendi) e de buscar diretamente a reparação do dano, ostentando a resposta ao crime caráter vingativo e punitivo.

b) **Período da vingança pública (Neutralização da vítima):** No período conhecido como Baixa Idade Média (século XII), surge o monopólio estatal do direito de punir e a adoção do procedimento inquisitivo, fazendo com que o papel da vítima seja neutralizado e a mesma colocada em segundo ou terceiro plano.[55] É a marginalização da vítima no conflito delitivo, sendo esquecida. Nas palavras de Zaffaroni, "*O Estado se acha mais vítima do que a própria vítima*".[56]

c) **Redescobrimento da vítima:** a partir da segunda metade do século XX, sobretudo após as atrocidades praticadas pelo nazismo durante a Segunda Guerra Mundial, a vítima volta a ser objeto de preocupação do sistema penal. A vítima passou a ser enxergada de forma mais humanitária por parte do Estado, voltada à tutela de seus direitos e garantias, destacando-se a criação das Nações Unidas e da Declaração Universal dos Direitos do Homem.

---

[55] OLIVEIRA, Natacha Alves. Criminologia: coleção sinopses para concursos. 2ª edição. Salvador. Juspodivm, 2020, p. 137

[56] FONTES, Eduardo; HOFFMAN, Henrique. Criminologia: Carreiras Policiais. 4ª edição. Salvador. Juspodivm, 2021.

4.1 CLASSIFICAÇÕES

A Vitimologia, com a finalidade de estudar a relação vítima-criminoso no fenômeno da criminalidade, surgiu a partir de 1947.

Benjamim Mendelsohn, advogado israelense, e Hans Von Henting, professor alemão, quando exilado nos Estados Unidos, são considerados os pioneiros da Vitimologia.

Von Henting, professor alemão radicado nos Estados Unidos, já vinha aprofundando seu conhecimento com a problemática da vítima. Em 1941, publicou trabalho em que propôs uma concepção dinâmica e interacionista da vítima, não só como sujeito passivo do delito, mas também como sujeito ativo, que contribui para a gênese e execução do crime. "The Criminal and his victim", escrito em 1948, em vez de falar em Vitimologia, usa o termo Vitimogênese.

É com este estudo, portanto, que Von Henting desenvolve a relação criminoso-vítima, colocando esta última como elemento preponderante e decisivo na realização do delito, em que, consciente ou não, coopera, provoca ou conspira para a ocorrência do crime. A noção de vítima e Vitimologia de Mendelsohn supera a de Von Henting, embora não tenha ficado imune às críticas.

Porquanto discorrera sobre sua concepção ampla e abrangente, não se restringindo à vítima do crime, apenas Mendelsohn buscou levar a vitimologia como um ramo independente da criminologia, com investigação e objeto próprio, pelo que parte substancial da doutrina o considera como o pai da Vitimologia.

Quanto à classificação das vítimas desenvolvida por Benjamin Mendelsohn, com base na existência de participação ou provocação da vítima, foram as seguintes:

a) **Vítima completamente inocente ou vítima ideal:** Tratam-se das vítimas completamente inocentes, que não apresentam participação ou sua participação é insignificante na produção do resultado.[57] Assim, o criminoso é o único culpado pelo evento.

b) **Vítima menos culpada do que o delinquente ou vítima por ignorância:** Consistem nas vítimas ex ignorantia, que, por negligência, colaboram para a ocorrência do crime.

c) **Vítima tão culpada quanto o criminoso:** Nesse caso, a participação da vítima é imprescindível para a caracterização do crime.[58]

d) **Vítima mais culpada que o criminoso ou vítima provocadora:** Aquela que provoca o autor do crime com o seu comportamento,

---

[57] OLIVEIRA, Natacha Alves. Criminologia: coleção sinopses para concursos. 2ª edição. Salvador. Juspodivm, 2020, p. 141.

[58] FONTES, Eduardo; HOFFMAN, Henrique. Criminologia: Carreiras Policiais. 4ª edição. Salvador. Juspodivm, 2021.

contribuindo, de formarelevante, para a prática do crime.[59]

e) **Vítima como única culpada:** Tratam-se das vítimas agressoras, simuladas ou imaginárias, devendo a responsabilidade ser atribuída somente à vítima.

Sintetizando a classificação das vítimas proposta, o autor as sumariza em três grupos, quais sejam[60]:

a) **Vítimas inocentes ou ideais:** Consistem nas vítimas cujo comportamento não concorre para a prática da infração penal;

b) **Vítimas provocadoras:** Tratam-se das vítimas, que, voluntária ou imprudentemente, incitam ou colaboram para a ação delituosa; e

c) **Vítimas agressoras, simuladoras ou imaginárias:** Também denominadas de pseudovítimas, consistem nas vítimas supostas, as quais, acreditando ser vítimas de uma ação criminosa, praticam conduta que justifica a legítima defesa da pessoa que as agride.

---

[59] FONTES, Eduardo; HOFFMAN, Henrique. Criminologia: Carreiras Policiais. 4ª edição. Salvador. Juspodivm, 2021.

[60] OLIVEIRA, Natacha Alves. Criminologia: coleção sinopses para concursos. 2ª edição. Salvador. Juspodivm, 2020, p. 141-142.

Hans Von Henting com a obra "O criminoso e sua vítima", deu passo importante no estudo da relação criminoso-vítima, tomando grande impulso.

Hans Von Henting conclui a classificação das vítimas da seguinte forma:

1. Vítima isolada. A vítima neste caso vive na solidão, não se relacionando com outras pessoas. Em decorrência desse meio de vida ela se coloca em situações de risco.

2. Vítima por proximidade. Este grupo de vítimas subdivide-se em: a) Vítima por proximidade espacial, que se torna vítima pelo fato de estar em proximidade excessiva do autor do delito em um determinado local, como ocorre nos casos de furto no interior de um ônibus; b) Vítima por proximidade familiar, a qual ocorre no núcleo familiar, como pode ser visto no caso do parricídio, em que o filho mata seu próprio genitor; c) Vítima por proximidade profissional, que geralmente ocorre no caso de atividades profissionais que requerem um estreitamento maior no relacionamento profissional, como no caso do Médico.

3. Vítima com ânimo de lucro. São taxadas dessa forma as vítimas que pela cobiça, pelo anseio de se enriquecer de maneira rápida ou fácil, acabam sendo ludibriadas por estelionatários ou vigaristas.

4. Vítima com ânsia de viver. Ocorre com o indivíduo que, com o fundamento de não ter aproveitado sua vida até o presente momento de uma forma mais eficaz, passa a experimentar situações de aventura até então não vividas, que o colocam em situações de risco ou perigo.

5. Vítima agressiva. Neste caso a vítima se torna agressiva em decorrência da agressão que sofre do autor da violência, chegando a um nível de não suportar mais a agressão sofrida, ela irá rebater tal ato de modo hostil.

6. Vítima sem valor. Trata-se da vítima que em decorrência de seus atos, não recomendáveis praticados perante a sociedade, acaba sendo indesejada ou repudiada no meio em que vive. Por praticar certos atos, este indivíduo vem a sofrer agressões físicas, verbais, ou até mesmo podendo ser morto. Um exemplo clássico desse tipo de vítima é o caso do estuprador ou assassino que é morto pela comunidade, pela polícia, ou por sua própria vítima.

7. Vítima pelo estado emocional. Essas vítimas são qualificadas desta forma em decorrência de seus sentimentos de obsessão, medo, ódio ou vingança que vem a sentir por outras pessoas.

8. Vítima por mudança da fase de existência. O indivíduo passa por várias fases em sua vida, sendo que ao mudar para certa fase de sua

existência, poderá se tornar vítima em consequência de alguma mudança comportamental relacionada com alguma das fases.

9. Vítima perversa. Enquadram-se nesta modalidade de vítimas os psicopatas, pessoas que não possuem limite algum de respeito em relação às outras, tratando-as como se fossem objetos que podem ser manipulados.

10. Vítima alcoólatra. O uso de bebidas alcoólicas é um dos fatores que mais leva pessoas a se tornar vítimas, sendo que na maioria dos casos acabam resultando em homicídios.

11. Vítima depressiva. Ao atingir um determinado nível, a depressão poderá ocasionar a vitimização do indivíduo, pois poderá levar a pessoa à autodestruição.

12. Vítima voluntária. São as pessoas que, por não oporem resistência à violência sofrida, acabam permitindo que o autor do delito o realize sem qualquer tipo de obstáculo. Casos que exemplificam esse tipo de vítima são os crimes sexuais ocorridos sem a utilização de violência.

13. Vítima indefesa. Denominam-se vítimas indefesas as que, sob o pretexto de que a persecução judicial lhes causaria maiores danos do que o próprio sofrimento resultante da ação

criminosa, acabam deixando de processar o autor do delito. São vistos tais comportamentos geralmente nos roubos ocorridos nas ruas, nos crimes sexuais e nas chantagens.

14. Vítima falsa. São taxadas de falsas vítimas as pessoas que, por sua livre e espontânea vontade, se auto vitimam para que possam se valer de benefícios.

15. Vítima imune. São consideradas dessa forma as pessoas que, em decorrência de seu cargo, função, ou algum tipo de prestígio na sociedade em que vive acham que não estão sujeitas a qualquer tipo de ação delituosa que possa transformá-las em vítimas. Um exemplo é o padre.

16. Vítima reincidente. Neste caso a pessoa já foi vítima de um determinado delito, mas mesmo após ter passado por tal episódio, não toma qualquer tipo de precaução para não voltar a ser vitimizada.

17. Vítima que se converte em autor. Nesta hipótese ocorre a mudança de pólo da violência. A vítima que era atacada pelo autor da agressão se prepara para o contra-ataque. Um exemplo clássico é o crime de guerra.

18. Vítima propensa. Ocorre com as pessoas que possuem uma tendência natural de se tornarem vítimas. Isso pode decorrer da personalidade deprimida, desenfreada, libertina

ou aflita da pessoa, sendo que esses tipos de personalidade podem de algum modo contribuir com o criminoso.

19. Vítima resistente. Por não aceitar ser agredida pelo autor, a vítima reage e passa a agredi-lo da mesma forma, sempre em sua defesa ou em defesa de outrem, ou também no caso de cumprimento do dever. Neste caso há sempre a disposição da vítima em lutar com o autor.

20. Vítima da natureza. São pessoas que se tornam vítimas em decorrência de fenômenos da natureza, como no caso de uma enchente, um terremoto etc.

4.2 PROCESSO DE VITIMIZAÇÃO

Os diversos aspectos relacionados à vítima são abrangidos pelo conceito de vitimização, que pode ser desdobrado em diferentes processos ou etapas. Esse conceito envolve não apenas o impacto direto do crime sobre a vítima, mas também as subsequentes experiências e interações que moldam o seu papel no processo penal e na sociedade.

A **vitimização primária** diz respeito aos efeitos imediatos e mediatos decorrentes diretamente da conduta criminosa. Esses efeitos emanam da própria prática delituosa, englobando uma ampla gama de prejuízos e danos experimentados pela vítima. Esses danos podem variar desde lesões ao patrimônio ou à integridade física, até impactos emocionais e psicológicos profundos, como raiva, vergonha e traumas. Em termos mais amplos, a vitimização primária engloba todos os danos materiais, físicos e psicológicos que surgem diretamente da ação criminosa, refletindo a extensão do impacto que o delito exerce sobre a vítima.

A **vitimização secundária**, também conhecida como revitimização ou sobrevitimização, refere-se ao sofrimento adicional imposto à vítima pelas próprias instâncias formais de controle social, como a Polícia, o Ministério Público e o Judiciário. Esse fenômeno ocorre quando, em vez de receber o devido apoio e proteção, a vítima é submetida a procedimentos ou atitudes que exacerbam seu sofrimento original, muitas vezes desqualificando ou questionando sua experiência e credibilidade.

Essa forma de vitimização é particularmente insidiosa, pois a vítima, já fragilizada pelo delito inicial, encontra-se novamente em uma posição de vulnerabilidade, agora em face das instituições que deveriam ampará-la. Por exemplo, é comum que em casos de crimes sexuais, a palavra da vítima seja desacreditada por agentes policiais, intensificando o trauma e minando sua confiança no sistema de justiça. A consequência disso é a erosão da credibilidade da vítima perante as instâncias formais de controle social, agravando o impacto psicológico e emocional que o crime original já havia causado.

Ainda nesse contexto, é importante mencionar a interligação dessa modalidade de vitimização com o delito denominado "violência institucional".

De acordo com a Lei nº 14.321/2022, a violência institucional é caracterizada quando um agente público submete uma vítima de infração penal ou uma testemunha de crimes violentos a "procedimentos desnecessários, repetitivos ou invasivos", forçando-a a reviver, sem estrita necessidade, a situação de violência ou outras circunstâncias que potencialmente causem sofrimento ou estigmatização. Essa prática, ao exacerbar o sofrimento da vítima, conecta-se diretamente ao conceito de vitimização secundária, pois intensifica o trauma original ao invés de proporcionar alívio ou justiça.

Os responsáveis por essa conduta podem ser punidos com detenção de três meses a um ano, além de multa. A norma, aprovada em março de 2022, alterou a Lei de Abuso de Autoridade (Lei nº 13.869/2019), inserindo o artigo 15-A, que especifica as penalidades para esses atos. A pena pode ser aumentada em até dois terços se o agente público permitir que um terceiro intimide a vítima de crimes violentos, resultando em revitimização indevida. Ainda mais grave, se o próprio agente público intimidar a vítima durante o processo ou a investigação, a pena prevista na lei poderá ser aplicada em dobro. Essa ampliação da penalidade reflete o reconhecimento legislativo da gravidade da vitimização secundária e da necessidade de proteção reforçada às vítimas no âmbito institucional.

A **vitimização terciária** é caracterizada pela segregação e humilhação da vítima por parte de seus familiares e do grupo social ao qual pertence, as chamadas instâncias informais de controle social. Esse fenômeno intensifica o sofrimento da vítima, que além de lidar com as consequências do crime em si, enfrenta o estigma e a exclusão imposta por aqueles que deveriam ser sua rede de apoio. Essa dinâmica pode gerar um profundo sentimento de desamparo e vergonha, levando a vítima a evitar a comunicação do crime às autoridades públicas, o que perpetua a impunidade e contribui para a subnotificação dos delitos.

4.3 SÍNDROME DA MULHER DE POTIFAR

Traduz a figura criminológica da mulher que, rejeitada afetivamente, imputa falsamente a quem a ignorou o delito de estupro ou outra conduta ofensiva à dignidade sexual. [61]

Essa teoria encontra suas raízes na narrativa bíblica contida no capítulo 39 do livro de Gênesis, que relata a história de José, o décimo primeiro filho de Jacó. José foi vendido pelos seus irmãos aos ismaelitas, movidos pelo ciúme e inveja da relação privilegiada que ele mantinha com o pai. Após ser levado para o Egito, José foi comprado por Potifar, um oficial do faraó e capitão da

---

[61] FONTES, Eduardo; HOFFMAN, Henrique. Criminologia: Carreiras Policiais. 4ª edição. Salvador. Juspodivm, 2021.

guarda do palácio real. Potifar, impressionado com as qualidades de José, confiou-lhe a administração de todos os seus bens, entregando em suas mãos a gestão de sua casa e de tudo o que possuía.

José, além de ser competente, era atraente e de boa aparência, o que despertou o interesse da esposa de Potifar. Ela passou a cobiçá-lo e tentou seduzi-lo, convidando-o a ter relações sexuais com ela. José, contudo, rejeitou as investidas da mulher. Sentindo-se desprezada, ela vingou-se inventando para Potifar que José havia tentado abusá-la. Em consequência dessa acusação falsa, José foi injustamente preso e enviado à prisão onde eram mantidos os prisioneiros do rei.[62]

Outro aspecto relevante a ser destacado é que, embora a nomenclatura da teoria faça referência ao gênero feminino ("mulher"), sua aplicação não se restringe a vítimas do sexo feminino, podendo também ser pertinente em casos envolvendo vítimas masculinas.

A síndrome da mulher de Potifar, portanto, tem como foco a análise da credibilidade, validade e seriedade do depoimento da vítima, especialmente em crimes sexuais, que frequentemente ocorrem em circunstâncias de clandestinidade, sem a presença de testemunhas. Nessas situações, a prova frequentemente se resume ao confronto entre a palavra da vítima e a do acusado.[63]

---

[62] OLIVEIRA, Natacha Alves. Criminologia: coleção sinopses para concursos. 2ª edição. Salvador. Juspodivm, 2020, p. 154.
[63] FONTES, Eduardo; HOFFMAN, Henrique. Criminologia: Carreiras Policiais. 4ª edição. Salvador. Juspodivm, 2021.

4.4 SÍNDROME DE ESTOCOLMO

A síndrome de Estocolmo, delineada pelo criminólogo e psicólogo Nils Bejerot, também referida como Vinculação Afetiva de Terror ou Vinculação Traumática, é um fenômeno psicológico complexo em que indivíduos submetidos à privação de liberdade desenvolvem vínculos emocionais, como afinidade ou até mesmo afeto, em relação aos seus sequestradores ou agressores. Esse estado psicológico pode ser interpretado como uma estratégia inconsciente de sobrevivência, na qual a vítima, diante de um cenário de intenso estresse e medo, passa a enxergar seu algoz como uma figura ambivalente, capaz tanto de causar dano quanto de prover proteção.

A síndrome se desenvolve inicialmente a partir das tentativas da vítima de se identificar com o sequestrador ou de conquistar sua simpatia, seja como uma forma de autodefesa, seja pelo medo de retaliação ou violência. Entretanto, essa dinâmica pode evoluir para um estágio mais profundo, em que a vítima começa a nutrir um genuíno sentimento de afeição pelo agressor, passando a se identificar com ele de maneira mais intensa, a ponto de desejar seu sucesso e bem-estar. Esse processo reflete uma complexa reconfiguração psicológica, em que a vítima, diante do trauma e da ameaça constante, transforma a relação de poder em uma vinculação emocional paradoxal.

O termo "*síndrome de estocolmo*" refere-se ao assalto ocorrido em 23 de agosto de 1973 à agência bancária do Kreditbanken na praça de Norrmalmstorg, no centro da capital sueca, em que as vítimas, mantidas como reféns por seis dias, desenvolveram uma identificação com os autores do fato, chegando, inclusive, a defendê-los.[64]

4.5 SÍNDROME DE LONDRES

Essa síndrome é oposta à Síndrome de Estocolmo. Na chamada Síndrome de Londres, desenvolve-se uma animosidade entre os reféns e os sequestradores, decorrente do comportamento hostil das vítimas em relação aos seus captores. Em vez de buscar simpatia ou identificação, as vítimas passam a discutir e a discordar dos sequestradores, criando um clima de desafeição que pode prejudicar as negociações policiais e, em casos extremos, levar a um desfecho fatal, incluindo a morte dos reféns.[65]

A denominação "Síndrome de Londres" remete ao infame atentado terrorista ocorrido na Embaixada Iraniana em Londres, em 1980, quando seis terroristas árabes mantiveram várias pessoas como reféns. Durante o

---

[64] OLIVEIRA, Natacha Alves. Criminologia: coleção sinopses para concursos. 2ª edição. Salvador. Juspodivm, 2020, p. 153.

[65] OLIVEIRA, Natacha Alves. Criminologia: coleção sinopses para concursos. 2ª edição. Salvador. Juspodivm, 2020, p. 153.

sequestro, Abbas Lavasani, um funcionário iraniano entre os reféns, assumiu uma postura de confronto direto com os sequestradores. Lavasani não apenas discutiu com os terroristas, mas também desafiou abertamente sua autoridade, declarando que jamais se submeteria ao Aiatolá e que seu compromisso era com a justiça da revolução islâmica. Essa atitude provocativa aumentou significativamente a tensão no ambiente, a tal ponto que os sequestradores, para demonstrar a seriedade de suas ameaças e manter o controle sobre a situação, decidiram executar Lavasani. Esse trágico evento exemplifica a essência da Síndrome de Londres, onde a animosidade e o confronto entre reféns e sequestradores podem escalar a um ponto crítico, comprometendo gravemente as negociações e resultando em consequências fatais.

REFERÊNCIAS

BARATTA, Alessandro. Criminologia Crítica e Crítica do Direito Penal: introdução à sociologia do Direito Penal; tradução Juarez Cirino dos Santos. Rio de Janeiro. 6ª edição. Revan: Instituto Carioca de Criminologia.

BARATTA, Alessandro. **Criminologia Crítica e Crítica do Direito Penal: introdução à sociologia do direito penal;** tradução Juarez Cirino dos Santos. Rio de Janeiro. 6ª edição. Revan: Instituto Carioca de Criminologia.

BATISTA, Nilo. **Introdução crítica ao direito penal brasileiro**. 12 ed. Rio de Janeiro: Revan, 2011.

BATISTA, Vera Malaguti. **Introdução crítica à criminologia brasileira**, 2ª edição. Revan, 2011

BETTIOL, Giuseppe. Direito Penal, 1977.

BITENCOURT, Cezar Roberto (2011). Tratado de Direito Penal, vol. 1 - Parte Geral. São Paulo: Saraiva.

DELMAS-MARTY, Mireille. **Os grandes sistemas de política criminal**. Trad. Denise Radanovic Vieira. Barueri: Manole, 2004.

DIAS, Jorge de Figueiredo. **Direito Penal Parte Geral - Questões Fundamentais. A doutrina geral do Crime**. t. 1. 1 d. São Paulo: Revista dos Tribunais, 2007.

FERNANDES, Newton; FERNANDES, Valter. **Criminologia integrada**.

FONTES, Eduardo; HOFFMAN, Henrique. Criminologia: Carreiras Policiais. 4ª edição. Salvador. Juspodivm, 2021.

GONZAGA, Christiano. **Manual de Criminologia.** 2ª edição. São Paulo. Saraiva, 2020.

HABER, Carolina Dzimidas. **Avaliação legislativa e direito penal: uma reconciliação entre o direito e a política criminal**. São Paulo: NEA, 2014.

LISZT, Franz Von. **Tratado de Direito Penal Allemão. v. 1**. Trad. José Hygino Duarte Pereira. Rio de Janeiro: F. Briguiet, 1899. p. XXXVII.

OLIVEIRA, Natacha Alves. **Criminologia: coleção sinopses para concursos.** 2ª edição. Juspodivm, 2020

OLIVEIRA, Natacha Alves. **Criminologia: coleção sinopses para concursos.** 2ª edição.. Salvador. Juspodivm, 2020

Rogério Sanches – Manual de Direito Penal, 2014, Editora JusPodivm

ROXIN, Claus. **Política Criminal e Sistema Jurídico-Penal**. Trad. Luís Greco. Rio de Janeiro: Renovar, 2002.

SANTOS, Juarez Cirino dos. Criminologia: Contribuição Para a Crítica da Economia da Punição. 2ª edição. Tirant lo Blach, 2021, p. 13.

SHECAIRA, Sérgio Salomão. **Criminologia.** 8ª edição.. Revista dos Tribunais. 2020

SUMARIVA, Paulo. Criminologia: Teoria e Prática. 6ª edição. Niterói. Impetus. 2020.

VIANA, Eduardo. Criminologia**.** 5ª edição. Salvador: Juspodivm, 2017

ZAFFARONI, Eugenio Raúl. A palavra dos mortos – conferências de criminologia cautelar. Trad. Sérgio Lamarão. São Paulo: Saraiva, 2012.

ZAFFARONI, Eugenio Raúl. **Criminología – aproximación desde un margen**. v. 1. Santa Fé de Bogotá: Temis, 1993.

www.ingramcontent.com/pod-product-compliance
Ingram Content Group UK Ltd.
Pitfield, Milton Keynes, MK11 3LW, UK
UKHW021938190726
13853UKWH00004B/1532

9 786583 134318